구번역 사도신경

전능하사 천지를 만드신 하나님 아버지를 내가 믿사오며,

그 외아들 우리 주 예수 그리스도를 믿사오니,

이는 성령으로 잉태하사 동정녀 마리아에게 나시고,

본디오 빌라도에게 고난을 받으사,

십자가에 못 박혀 죽으시고,

장사한 지 사흘 만에 죽은 자 가운데서 다시 살아나시며,

하늘에 오르사, 전능하신 하나님 우편에 앉아 계시다가,

저리로서 산 자와 죽은 자를 심판하러 오시리라.

성령을 믿사오며, 거룩한 공회와 성도가 서로 교통하는 것과

죄를 사하여 주시는 것과 몸이 다시 사는 것과

영원히 사는 것을 믿사옵나이다. 아멘.

KB199991

새번역 사도신경[1]

나는 전능하신 아버지 하나님, 천지의 창조주를 믿습니다.

나는 그의 유일하신 아들, 우리 주 예수 그리스도를 믿습니다.

그는 성령으로 잉태되어 동정녀 마리아에게서 나시고,

본디오 빌라도에게 고난을 받아 십자가에 못 박혀 죽으시고,

장사된 지[2] 사흘 만에 죽은 자 가운데서 다시 살아나셨으며,

하늘에 오르시어 전능하신 아버지 하나님 우편에 앉아 계시다가,

거기로부터 살아 있는 자와 죽은 자를 심판하러 오십니다.

나는 성령을 믿으며, 거룩한 공교회와 성도의 교제와

죄를 용서받는 것과 몸의 부활과 영생을 믿습니다. 아멘.

1) '사도신조'로도 번역할 수 있다.
2) '장사되시어 지옥에 내려가신 지'가 공인된 원문(Forma Recepta)에는 있으나 대다수의 본문에는 없다.

1000일 내 글씨 성경

3

시가서

욥기 - 아가

시작한 날

마친 날

이름

1000일
내 글씨성경
-
구성

- 구약 -

| 1권 율법서 | 창세기 출애굽기 레위기 민수기 신명기 | 2권 역사서 | 여호수아, 사사기 룻기, 사무엘상 사무엘하, 열왕기상 열왕기하, 역대상 역대하, 에스라 느헤미야, 에스더 | 3권 시가서 | 욥기 시편 잠언 전도서 아가 | 4권 예언서 | 이사야, 예레미야 예레미야애가, 에스겔 다니엘, 호세아, 요엘 아모스, 오바댜, 요나 미가, 나훔, 하박국 스바냐, 학개, 스가랴 말라기 |

- 신약 -
5권

| 복음서 | 마태복음 마가복음 누가복음 요한복음 | 역사서 | 사도행전 | 바울 서신 | 로마서, 고린도전서 고린도후서, 갈라디아서 에베소서, 빌립보서 골로새서, 데살로니가전서 데살로니가후서 디모데전서, 디모데후서 디도서, 빌레몬서 |

| 일반 서신 | 히브리서, 야고보서 베드로전서, 베드로후서 요한일서, 요한이서 요한삼서, 유다서 | 예언서 | 요한계시록 |

-- DURANNO VISION BIBLE --
INTIMACY

1000일 내 글씨 성경 3권 (욥기-아가)

엮은이 | 편집부
초판 발행 | 2019. 7. 1
8쇄 | 2021. 9. 1
등록번호 | 제1988-000080호
등록된 곳 | 서울특별시 용산구 서빙고로65길 38
발행처 | 사단법인 두란노서원
영업부 | 2078-3352   FAX | 080-749-3705
출판부 | 2078-3331

책값은 뒤표지에 있습니다.
ISBN 978-89-531-4074-5 04230

독자의 의견을 기다립니다.
tpress@duranno.com   www.duranno.com

두란노서원은 바울 사도가 3차 전도여행 때 에베소에서 성령 받은 제자들을 따로 세워 하나님의 말씀으로 양육하던 장소입니다. 사도행전 19장 8-20절의 정신에 따라 첫째 목회자를 돕는 사역과 평신도를 훈련시키는 사역, 둘째 세계 선교(TIM)와 문서선교(단행본·잡지) 사역, 셋째 예수문화 및 경배와 찬양 사역, 그리고 가정·상담 사역 등을 감당하고 있습니다. 1980년 12월 22일에 창립된 두란노서원은 주님 오실 때까지 이 사역들을 계속할 것입니다.

1000일
내 글씨성경
-
활용하기

1 1000일 동안 말씀을 쓰며 하나님과 교제할 수 있다.

　하루에 써야 할 분량을 정해 놓았기에 늘어지거나 포기하지 않고 끝까지 필사할 수 있다.

2 이 책은 총 5권으로 구성되었다. 구약은 '율법서, 역사서, 시가서, 예언서'의 분류법을 따라 쓰기성경을 4개로 나누었으며, 신약은 한 권으로 묶었다.

3 창세기부터 요한계시록까지 각 책의 개관을 간략히 소개했다. 각 성경의 내용을 이해하며 필사할 수 있어 더 큰 은혜를 누릴 수 있다.

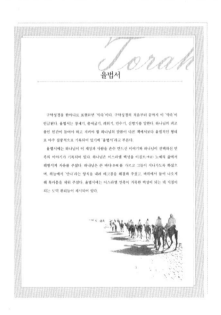

4 필사 일 옆에 연도와 월, 일을 기입할 수 있게 했다. 원하는 날짜에 필사하면 된다.

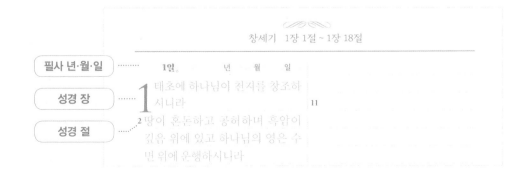

5 약 30분 정도의 시간을 내면 하루 분량을 쓸 수 있기에 부담이 없다. 그러나 필사자의 컨디션에 따라 더 많은 분량을 써도 좋다.

6 서기관들이 성경을 필사해 후대에 남겼듯이 내 손글씨로 말씀을 정성껏 필사해 믿음의 유산을 남길 수 있다.

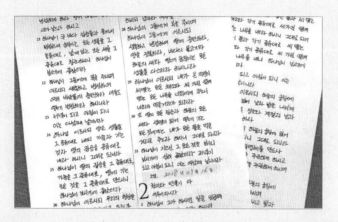

7 하루의 필사 분량을 표로 만들었는데, 다 쓴 후 오른쪽에 V표시를 하면 진행 사항을 파악할 수 있다.

필사 일수 ······
성경 장 ······
체크 칸 ······

창세기		출애굽기		레위기		민수기		신명기	
1	1 ✓	48	1	87	1-2	112	1:1-46	147	1
2	2	49	2	88	3	113	1:47-3:4	148	2
3	3	50	3	89	4	114	3:5-51	149	3
4	4	51	4	90	5-6	115	4	150	4
5	5	52	5	91	7	116	5	151	5
6	6	53	6	92	8	117	6	152	6
7	7	54	7	93	9-10	118	7:1-41	153	7
8	8	55	8	94	11-12	119	7:42-89	154	8
9	9	56	9	95	13:1-28	120	8	155	9
10	10	57	10-11	96	13:29-59	121	9	156	10
11	11	58	12:1-28	97	14:1-32	122	10	157	11
12	12-13	59	12:29-51	98	14:33-57	123	11	158	12
13	14-15	60	13	99	15	124	12-13	159	13-14

8 각 성경을 쉽게 찾도록 각 권에서 대표적인 성경 다섯 권을 옆면에 반달 색인으로 표시했다. 색인을 보며 필사할 부분을 보다 쉽게 찾을 수 있다.

이 책의 개관은 저자의 허락 하에 《더 바이블》(라준석 저)에서 주로 발췌했으며, 《비전 성경》, 《핵심 성경》을 참고했다.

397일. 년 월 일

1 우스 땅에 욥이라 불리는 사람이 있었는데 그 사람은 온전하고 정직하여 하나님을 경외하며 악에서 떠난 자더라

2 그에게 아들 일곱과 딸 셋이 태어나니라

3 그의 소유물은 양이 칠천 마리요 낙타가 삼천 마리요 소가 오백 겨리요 암나귀가 오백 마리이며 종도 많이 있었으니 이 사람은 동방 사람 중에 가장 훌륭한 자라

4

5

6

7

8

9

10

11

12

※성경을 쓰기 전에 자신에게 적합한 글자 크기와 간격을 연습해 보세요.

시가서 쓰기표

욥기		시편				잠언		전도서		아가	
397	1-2	434	1-4	478	81-82	521	1	552	1	560	1-2
398	3	435	5-7	479	83-84	522	2	553	2	561	3-4
399	4	436	8-9	480	85-86	523	3	554	3-4	562	5-6
400	5	437	10-11	481	87-88	524	4	555	5-6	563	7-8
401	6	438	12-15	482	89:1-26	525	5	556	7		
402	7	439	16-17	483	89:27-52	526	6	557	8-9		
403	8	440	18	484	90-91	527	7	558	10		
404	9	441	19-21	485	92-93	528	8	559	11-12		
405	10	442	22	486	94	529	9				
406	11	443	23-24	487	95-96	530	10				
407	12	444	25	488	97-98	531	11				
408	13	445	26-28	489	99-101	532	12				
409	14	446	29-30	490	102	533	13				
410	15	447	31	491	103	534	14				
411	16	448	32-33	492	104	535	15				
412	17-18	449	34	493	105	536	16				
413	19	450	35-36	494	106	537	17				
414	20	451	37	495	107	538	18				
415	21	452	38	496	108	539	19				
416	22	453	39-40	497	109	540	20				
417	23-24	454	41-43	498	110-112	541	21				
418	25-26	455	44	499	113-115	542	22				
419	27	456	45-46	500	116-117	543	23				
420	28	457	47-48	501	118	544	24				
421	29	458	49	502	119:1-32	545	25				
422	30	459	50	503	119:33-64	546	26				
423	31	460	51-53	504	119:65-88	547	27				
424	32	461	54-55	505	119:89-120	548	28				
425	33	462	56-57	506	119:121-152	549	29				
426	34	463	58-59	507	119:153-176	550	30				
427	35-36	464	60-61	508	120-123	551	31				
428	37	465	62-63	509	124-127						
429	38	466	64-65	510	128-131						
430	39	467	66-67	511	132-134						
431	40	468	68	512	135						
432	41	469	69	513	136						
433	42	470	70-71	514	137-138						
		471	72	515	139						
		472	73	516	140-142						
		473	74-75	517	143-144						
		474	76-77	518	145						
		475	78:1-37	519	146-147						
		476	78:38-72	520	148-150						
		477	79-80								

3

시가서

시가서

욥기, 시편, 잠언, 전도서, 아가를 '시가서'라고 부르는 이유는 이 책들의 형식이 시문으로 되어 있기 때문이다. 읽어 보면 시적인 표현과 문체로 이루어져 있음을 금세 알수 있다. 악보는 그려져 있지 않지만 노래를 듣는 듯하다. 시와 노래는 압축적인 언어로 되어 있으므로 한 번 마음에 들어오면 깊이 새겨져서 오랜 시간이 지난 후에도 중요한 순간에 떠오른다. 시가서의 말씀들이 그렇다.

오랜 세월 동안 인생의 기쁨과 고난의 순간마다 믿음의 선배들이 즐겨 부른 노래들이 욥기, 시편, 잠언, 전도서, 아가에 기록되어 있다. 시가서는 읽을 때마다 새롭게 다가온다. 왜냐하면 내 마음의 상태가 언제나 똑같지 않기 때문이다. 어느 때는 기쁨으로 가득 차 있다가 순식간에 슬픔에 휩싸이기도 한다. 이전에 스쳐 지나갔던 구절도 오늘 읽으면 새롭게 다가오는 말씀들이 바로 시가서다.

시가서는 책상 위에서 짜낸 문장들이 아니라 인생의 깊은 체험을 고백한 시와 노래들이기에 우리의 머리를 아프게 하지 않고 가슴을 따뜻하게 한다. 머리에서 나온 글이 아니라 가슴에서 나온 고백이기 때문이다.

Job

욥기

저자	알려지지 않음
기록 목적	"의인이 왜 고난을 당해야 하는가?"라는 물음에 답하기 위한 것이라기보다 하나님의 절대적인 주권과 그분의 위대하심을 선포하기 위해 기록되었다.
구성	1-2장: 욥의 고난 3-37장: 욥과 친구들의 논쟁 38-41장: 하나님의 말씀 42장: 욥의 회개와 회복
핵심 메시지	하나님은 절대 주권자이시다. 하나님 앞에 엎드리면 산다.
주요 내용	욥기는 고난의 상황에서도 하나님의 주권 앞에 엎드린 욥이라는 사람에 대한 이야기다. '욥'의 뜻은 '고난받는 자', '울부짖는 자'이다. 욥기의 시대적 배경은 족장 시대로서 아브라함, 이삭, 야곱, 요셉이 살았던 시대에 일어난 이야기다. 욥기는 전반부의 기록을 제외하면 거의 대부분이 대화 형식의 시문으로 이루어져 있다. 욥기는 이야기가 전개되는 상황에 따라서 욥의 고난, 욥과 친구들의 논쟁, 하나님의 말씀, 욥의 회개와 회복으로 나눌 수 있다. 욥기의 핵심 주제는 '의인의 고난'이라기보다는 '하나님의 절대 주권'이다. 우리가 고난 가운데서도 잘 견디고 인내할 수 있는 길은 바로 하나님의 절대 주권을 인정하는 것이다. 하나님 앞에 엎드리고, 하나님의 결정을 받아들이며, 하나님이 보시기에 올바른 길을 걸어가는 것이 우리가 사는 길이다.

397일。   년   월   일

1

2

3

4

5

6

7

8

9

10

11

12

욥
기

13

14

15

16

17

18

19

20

21

22

2

2

3

4

5

6

7

8

9

10

11

12

13

398일。   년   월   일

3

2

3

4

5

6

7

8

9

10

11

12

13

14

15

16

17

18

19

20

21

22

23

24

25

26

399일。   년   월   일

4

2

3

4

5

6

7

8

9

10

11

12

13

14

15

16

17

18

19

20

21

400일。　　년　　월　　일

5

2

3

4

5

6

7

8

9

10

11

12

13

14

15

16

17

18

19

20

21

22

23

24

25

26

27

401일。   년   월   일

6 2

3

4

5

6

7

8

9

10

11

12

13

14

15

16

17

18

19

20

21

402일 。   년   월   일

7

22

23

2

24

3

25

4

26

5

27

6

28

7

29

8

30

9

10

11

12

13

14

15

16

17

18

19

20

21

| 403일 。 | | 년 | 월 | 일 |

8

2

3

4

5

6

7

8

9

10

11

12

13

14

15

16

17

18

19

20

21

22

404일。　　　　년　　월　　일

9₂

3

4

5

6

7

8

9

10

11

12

13

14

15

16

17

18

19

20

21

22

23

24

25

26

27

28

29

30

31

32

33

34

35

405일.　　　년　　월　　일

10

2

3

4

5

6

7

8

9

10

11

12

13

14

15

16

17

18

19

20

21

22

406일。　　　　년　　　월　　　일

11

2

3

4

5

6

7

8

9

10

11

12

13

14

15

16

17

18

19

20

407일。　　년　　월　　일

12₂

3

4

5

6

7

8

9

10

11

12

13

14

15

16

17

18

19

20

21

22

23

24

25

408일。　　　년　　월　　일

13

2

3

4

5

6

7

8

9

10

11

12

13

14

15

16

17

18

19

20

21

22

23

24

25

26

27

28

409일。   년   월   일

14

2

3

4

5

6

7

8

9

10

11

12

13

14

15

16

17

18

19

20

21

22

410일。　·　　년　　월　　일

15

2

3

4

5

6

7

8

9

10

11

12

13

14

15

16

17

18

19

20

21

22

23

24

25

26

27

28

29

30

31

32

33

34

35

411일。　　　년　월　일

16₂

3

4

5

6

7

8

9

10

11

12

13

14

15

16

17

18

19

20

21

22

412일。　　　년　　　월　　　일

17

2

3

4

5

6

7

8

9

10

11

12

13

14

15

16

18

2

3

4

5

6

7

8

9

10

11

12

13

14

15

16

17

18

19

20

21

413일。 년 월 일

19₂

3

4

5

6

7

8

9

10

11

12

13

14

15

16

17

18

19

20

21

22

23

24

25

26

27

28

29

20

2

3

4

5

6

7

8

9

10

11

12

13

14

15

16

17

18

19

20

21

22

23

24

25

26

27

28

29

415일. 년 월 일

21 ₂

3

4

5

6

7

8

9

10

11

12

13

14

15

16

17

18

19

20

21

22

23

24

25

26

27

28

29

30

31

32

33

34

416일。 년 월 일

22

2

3

4

5

6

7

8

9

10

11

12

13

14

15

16

17

18

19

20

21

22

23

24

25

26

27

28

29

30

417일.   년   월   일

23 ₂

3

4

5

6

7

8

9

10

11

12

13

14

15

16

17

24

2

3

4

5

6

7

8

9

10

11

12

13

14

15

16

17

18

19

20

21

22

23

24

25

418일。　　　년　월　일

25
2

3

4

5

6

26₂

3

4

5

6

7

8

9

10

11

12

13

14

419일。   년   월   일

27 2

3

4

5

6

7

8

9

10

11

12

13

14

15

16

17

18

19

20

21

22

23

420일。   년   월   일

28

2

3

4

5

6

7

8

9

10

11

12

13

14

15

16

17

18

19

20

21

22

23

24

25

26

27

28

421일。　　　　　년　　월　　일
29₂

9

10

11

12

3

13

4

14

5

15

16

6

17

7

18

8

19

20

21

22

23

24

25

422일。   년   월   일

30

2

3

4

5

6

7

8

9

10

11

12

13

14

15

16

17

18

19

20

21

22

23

24

25

26

27

28

7

29

8

30

9

423일.　　　년　　월　　일

31

10

2

11

12

3

13

4

14

5

15

6

16

17

18

19

20

21

22

23

24

25

26

27

28

29

30

31

32

33

34

35

36

37

38

39

40

424일。   년   월   일

32

2

3

4

5

6

7

8

9

10

11

12

13

14

15

16

17

18

19

20

21

22

425일 。   년   월   일

33

2

3

4

5

6

7

8

9

10

11

12

13

14

15

16

17

18

19

20

21

22

23

24

25

26

27

28

29

30

31

32

33

426일。   년   월   일

34₂

3

4

5

6

7

8

9

10

11

12

13

14

15

16

17

18

19

20

21

22

23

24

25

26

27

28

29

30

31

32

33

34

35

36

37

427일。　　　년　　월　　일

35

2

3

4

5

6

7

8

9

10

11

12

13

14

15

16

36

2

3

4

5

6

7

8

9

10

11

12

13

14

15

16

17

18

19

20

21

22

23

24

25

26

27

28

29

30

31

32

33

428일。 　　　　년　　월　　일

37

2

3

4

5

6

7

8

9

10

11

12

13

14

15

16

17

18

19

20

21

22

23

24

429일 。　　　년　　월　　일

38

2

3

4

5

6

7

8

9

10

11

12

13

14

15

16

17

18

19

20

21

22

23

24

25

26

27

28

29

30

31

32

33

34

35

36

37

38

39

40

41

430일 。　　　　　년　　월　　일

39

2

3

4

5

6

7

8

9

10

11

12

13

14

15

16

17

18

19

20

21

22

23

24

25

26

27

28

29

30

431일。   년   월   일

40

2

3

4

5

6

7

8

9

10

11

12

13

14

15

16

17

18

19

20

21

22

23

24

432일 。   년   월   일

41

2

3

4

5

6

7

8

9

10

11

12

13

14

15

16

17

18

19

20

21

22

23

24

25

26

27

28

29

30

31

32

33

34

433일.　　　년　　월　　일

42

2

3

4

5

6

7

8

9

10

11

12

13

14

15

16

17

시편

저자	다윗 외 다수
기록 목적	하나님을 향한 백성의 노래를 모아 놓은 책으로서, 하나님이 인생과 역사의 주인이심을 노래하기 위해 기록되었다.
구성	1-41편 : 제1권 42-72편 : 제2권 73-89편 : 제3권 90-106편 : 제4권 107-150편 : 제5권
핵심 메시지	하나님은 위대하시다.
주요 내용	시편은 150개의 시들을 모아 놓은 책이다. 하나님께 감사하고 찬양하는 시, 힘들고 슬픈 상황에서 하나님께 나아가 가슴을 찢으면서 한탄하는 시, 민족에 대한 아픈 마음과 애정을 노래하는 시, 전쟁에 출정하는 왕을 축복하는 시, 하나님과 성전을 향한 갈망을 노래하는 시, 그 외에도 다양한 시들이 모여 있다. 이렇게 내용이 다양해도 시편의 주제들은 하나의 공통점이 있다. 그것은 '하나님이 인생과 역사의 주인이시다'이다. 시편 저자들은 어떤 상황에서도 하나님을 바라보며 노래를 했다. 시편의 저자는 다양하다. 다윗의 시가 73개, 아삽의 시가 12개, 고라 자손의 시가 11개, 솔로몬의 시가 2개, 모세의 시가 1개, 헤만의 시가 1개, 에단의 시가 1개 기록되어 있다. 저자 미상의 시도 49개다. 맨 처음 기록된 시와 마지막에 기록된 시는 약 1,000년이라는 시간의 차이를 보인다. 그럼에도 불구하고 하나님을 향한 그들의 마음은 똑같고, 하나님만을 바라보는 그들의 태도는 동일하다.

434일.　　　　년　　월　　일

1

2

3

4

5

6

2

2

3

4

5

6

7

8

9

10

11

12

3

2

3

4

5

6

7

8

2

3

4

5

6

7

8

4

435일.　　　년　　월　　일

5

2

3

4

5

6

7

8

9

10

11

12

6

2

3

4

5

6

7

8

9

10

7

2

3

4

5

6

7

8

9

10

11

12

13

14

15

16

17

| 436일。 | | 년 | 월 | 일 |

8

2

3

4

5

6

7

8

9

9

2

3

4

5

6

7

8

9

10

11

12

13

14

15

16

17

18

19

20

437일。　　　　년　　월　　일

10

2

3

4

5

6

7

8

9

10

11

12

13

14

15

16

17

18

11

2

3

4

5

6

7

438일. 년 월 일

12

2

3

4

5

6

7

8

13

2

3

4

5

6

14

2

3

4

5

6

7

15

2

3

4

5

439일。 년 월 일

16

2

3

4

5

6

7

8

9

10

11

17

2

3

4

5

6

7

8

9

10

11

12

13

14

15

440일。 년 월 일

18

2

3

4

5

6

7

8

9

10

11

12

13

14

15

16

17

18

19

20

21

22

23

24

25

26

27

28

29

30

31

32

33

34

35

36

37

38

39

40

41

42

43

44

45

46

47

48

49

50

441일。   년   월   일

19

2

3

4

5

6

7

8

9

10

11

12

13

14

20

2

3

4

5

6

7

8

9

21

2

3

4

5

6

7

8

9

10

11

12

13

442일。 년 월 일

22

2

3

4

5

6

7

8

9

10

11

12

13

14

15

16

17

18

19

20

21

22

23

31

24

25

26

27

28

29

30

443일。 　　　　　년　　월　　일

23

2

3

4

5

6

24

2

3

4

5

6

7

8

9

10

444일。　　　년　　월　　일

25

2

3

4

5

6

7

8

9

10

11

12

13

14

15

16

17

18

19

20

21

22

445일。 　　　　년　　　월　　　일

26

2

3

4

5

6

7

8

9

10

11

12

27

2

3

4

5

6

7

8

9

10

11

12

13

14

28

2

3

4

5

6

7

8

9

446일。   년   월   일

29

2

3

11

12

447일。 년   월   일

31

2

3

4

5

6

7

8

9

10

11

12

13

14

15

16

17

18

19

20

21

22

23

24

448일.　　　년　　월　　일

32

2

3

4

5

6

7

8

9

10

11

33

2

3

4

5

6

7

8

9

10

11

12

13

14

15

16

17

18

19

20

21

22

449일。　　　　　　　년　　　월　　　일

34

2

3

4

5

6

7

8

9

10

11

12

13

14

15

16

17

18

19

20

21

22

450일。　　　　　년　　월　　일

35

2

3

4

5

6

7

8

9

10

11

12

13

14

15

16

17

18

19

20

21

22

23

24

25

26

27

28

36

2

3

4

5

6

7

8

9

10

11

12

451일。   년   월   일

37

2

3

4

5

6

7

8

9

10

11

12

13

14

15

16

17

18

19

20

21

22

23

24

25

26

27

28

29

30

31

32

33

34

35

36

37

38

39

40

452일.   년   월   일

38

2

3

4

5

6

7

8

9

10

11

12

13

14

15

16

17

18

19

20

21

22

453일。 년 월 일

39

2

3

4

5

6

7

8

9

10

11

12

13

40

2

3

4

5

6

7

8

9

10

11

12

13

14

15

16

17

454일。 　　　년　　월　　일

41

2

3

4

5

6

7

8

9

10

11

12

13

42

2

3

4

5

6

7

8

9

10

11

43

2

3

4

5

455일. 년 월 일

44

2

3

4

5

6

7

8

9

10

11

12

13

14

15

16

17

18

19

20

21

22

23

24

25

26

456일。   년   월   일

45

2

3

4

5

6

7

8

9

10

11

12

13

14

15

16

17

46

2

3

4

5

6

7

8

9

10

11

457일。		년	월	일

47

2

3

4

5

6

7

8

9

48

2

3

4

5

6

7

8

9

10

11

12

13

14

458일。　　년　　월　　일

49

2

3

4

5

6

7

8

9

10

11

12

13

14

15

16

17

18

19

20

459일. 　　　년　　월　　일

50

2

3

4

5

6

7

8

9

10

11

12

13

14

15

16

17

18

19

20

21

22

23

460일. 년 월 일

51

2

3

4

5

6

7

8

9

10

11

12

13

14

15

16

17

18

19

52

2

3

4

5

6

7

8

9

53

2

3

4

5

6

461일。　　　년　　월　　일

54

2

3

4

5

6

7

55

2

3

4

5

6

7

8

9

10

11

12

13

14

15

16

17

18

19

4

20

21

5

22

6

23

7

8

9

462일。　　　　　년　　　월　　　일

56

2

10

3

11

12

13

57

2

3

4

5

6

7

8

9

10

11

463일。 년 월 일

58

2

3

4

5

6

7

8

9

10

11

59

2

3

4

5

6

7

8

9

10

11

12

13

14

15

16

17

464일。   년   월   일

60

2

3

4

5

6

7

8

9

10

11

12

61

2

3

4

5

6

7

8

465일。　　　　　　년　　　월　　　일

62

2

3

4

5

6

7

8

9

10

11

12

63

2

3

4

5

6

7

8

9

10

11

466일.   년   월   일

64

2

3

4

5

6

7

8

9

10

65

2

3

4

5

6

7

8

9

10

11

12

13

467일。 년 월 일

66

2

3

4

5

6

7

8

9

10

11

12

13

14

15

16

17

18

19

20

67

2

3

4

5

6

7

468일.　　　　　년　　월　　일

68

2

3

4

5

6

7

8

9

10

11

12

13

14

15

16

17

18

19

20

21

22

23

24

25

26

27

28

29

30

31

32

33

34

35

469일。　　　　년　　월　　일

69

2

3

4

5

6

7

8

9

10

11

12

13

14

15

16

17

18

19

20

21

22

23

24

25

26

27

28

29

30

31

32

33

34

35

36

470일 　　　년　　월　　일

70

2

3

4

5

71

2

3

4

5

6

7

8

9

10

11

12

13

14

15

16

17

18

19

20

21

22

23

24

471일。   년   월   일

72

2

3

4

5

6

7

8

9

10

11

12

13

14

15

16

17

18

19

20

472일。	년	월	일

73

2

3

4

5

6

7

8

9

10

11

12

13

14

15

16

17

18

19

20

21

22

23

24

25

26

27

28

473일. 　　　년　　　월　　　일

74

2

3

4

5

6

7

8

9

10

11

12

13

14

15

16

17

18

19

20

21

22

23

75

2

3

4

5

6

7

8

9

10

474일。　　　년　　월　　일

76

2

3

4

5

6

7

8

9

10

11

12

77

2

3

4

5

6

7

8

9

10

11

12

13

14

15

16

17

18

19

20

475일。　　　　　년　　　월　　　일

78

2

3

4

5

6

7

8

9

10

11

12

13

14

15

16

17

18

19

20

21

22

23

24

25

26

27

28

29

30

31

32

33

34

35

36

37

476일。　　　년　　　월　　　일

38

39

40

41

42

43

44

45

46

47

48

49

50

51

52

53

54

55

56

57

58

59

60

61

62

63

64

65

66

67

68

69

70

71

72

477일。　　　　　년　　월　　일

79

2

3

4

5

6

7

8

9

10

11

12

13

80

2

3

4

5

6

7

8

9

10

11

12

13

14

15

16

17

18

19

478일.　　년　　월　　일

81

2

3

4

5

6

7

8

9

10

11

12

13

14

15

16

82

2

3

4

5

6

7

8

479일 。　　　　년　　월　　일

83

2

3

4

5

6

7

8

9

10

11

12

13

14

15

16

17

18

84

2

3

4

5

6

7

8

9

10

11

12

480일.   년   월   일

85

2

3

4

5

6

7

8

9

10

11

12

13

86

2

3

4

5

6

7

8

9

10

11

12

13

14

15

16

17

481일。	년	월	일

87

2

3

4

5

6

7

88

2

3

4

5

6

7

8

9

10

11

12

13

14

15

16

17

18

482일。　　　　년　　월　　일

89

2

3

4

5

6

7

8

9

10

11

12

13

14

15

16

17

18

19

20

21

22

23

24

25

26

483일。　　　　년　　월　　일

27

28

29

30

31

32

33

34

35

36

37

38

39

40

41

42

43

44

45

46

47

48

49

50

51

52

484일. 년 월 일

90

2

3

4

5

6

7

8

9

10

11

12

13

14

15

16

17

91

2

3

4

5

6

7

8

9

10

11

12

13

14

15

16

92 1-3

4

5

6

7

8

9

10

11

12

13

14

15

93

2

3

4

5

486일 。 년 월 일

94

2

3

4

5

6

7

8

9

10

11

12

13

14

15

16

17

18

19

20

21

22

23

487일。　　　년　　월　　일

95

2

3

4

5

6

7

8

9

10

11

96

2

3

4

5

6

7

8

9

10

11

12

13

488일。   년   월   일

97

2

3

4

5

6

7

8

9

10

11

12

98

489일。　　　　년　　월　　일

99

2

3

2

3

4

4

5

5

6

6

7

7

8

8

9

9

100

2

3

4

5

101

2

3

4

5

6

7

8

102

2

3

4

5

6

7

8

9

10

11

12

13

14

15

16

17

18

19

20

21

22

23

24

25

26

27

28

| **491일**。 | 년 | 월 | 일 |

103

2

3

4

5

6

7

8

9

10

11

12

13

14

492일。   년   월   일

104

15

16

2

17

3

4

18

5

19

6

20

7

21

8

9

10

11

12

13

14

15

16

17

18

19

20

21

22

23

24

25

26

27

28

29

2

30

3

31

4

5-6

32

33

7

34

8

35

9

10

493일。　　　년　　　월　　　일　　　11

105

12

13

14

15

16

17

18

19

20

21

22

23

24

25

26

27

28

29

30

31

32

33

34

35

36

37

38

39

40

41

42

43

44

45

494일。　　　　년　．월　　일

106

2

3

4

5

6

7

8

9

10

11

12

13

14

15

16

17

18

19

20

21

22

23

24

25

26

27

28

29

30

31

32

33

34

35

36

37

38

39

40

41

42

43

44

45

46

47

48

495일。   년   월   일

107

2

3

4

5

6

7

8

9

10

11

12

13

14

15

16

17

18

19

20

21

22

23

24

25

26

27

28

29

30

31

32

33

34

35

36

37

38

39

40

41

42

43

108

2

3

4

5

6

7

8

9

10

11

12

13

497일。　　　　년　　월　　일

109

2

3

4

5

6

7

8

9

10

11

12

13

14

15

24

16

25

26

17

27

18

28

19

29

20

30

21

31

22

498일。　　　년　　월　　일

23

110

2

3

4

5

6

7

111

2

3

4

5

6

7

8

9

10

112

2

3

4

5

6

7

8

9

10

113

2

3

4

5

6

7

8

9

114

2

3

4

5

6

7

8

115

2

3

4

5

6

7

8

9

10

11

12

13

14

15

16

17

18

500일。   년   월   일

116

2

3

4

5

6

7

8

9

10

11

12

13

14

15

16

17

18

19

117

2

501일。　　　　　년　　월　　일

118

2

3

4

5

6

7

8

9

10

11

12

13

14

15

16

17

18

19

20

21

22

23

24

25

26

27

28

29

502일。   년   월   일

119

2

3

4

5

6

7

8

9

10

11

12

13

14

15

16

17

18

19

20

21

22

23

24

25

26

27

28

29

30

31

32

503일. 　　　년　　　월　　　일

33

34

35

36

37

38

39

40

41

42

43

44

45

46

47

48

49

50

51

52

53

54

55

56

57

58

59

60

61

62

63

64

504일.　　　년　　　월　　　일

65

66

67

68

69

70

71

72

73

74

75

76

77

78

79

80

89

505일。   년   월   일

81

90

82

91

83

92

84

93

85

94

86

95

87

96

88

97

98

99

100

101

102

103

104

105

106

107

108

109

110

111

112

113

114

115

116

117

118

119

120

506일。　　　년　　월　　일

121

122

123

124

125

126

127

128

129

130

131

132

133

134

135

136

137

138

139

140

141

142

143

144

145

146

147

148

149

150

151

152

507일。	년	월	일

153

154

155

156

157

158

159

160

161

162

163

164

165

166

167

168

169

170

171

172

173

174

175

176

508일.　년　월　일

120

2

3

4

5

6

7

121

2

3

4

5

6

7

8

122

2

3

4

5

6

7

8

9

123

2

3

4

509일.　　　　년　　월　　일

124

2

3

4

5

6

7

8

125

2

3

4

5

126

2

3

4

5

6

127

2

3

4

5

128

2

3

4

5

6

129

2

3

4

5

6

7

8

130

2

3

4

5

6

7

8

131

2

3

511일.　　　년　　월　　일

132

2

3

4

5

6

7

8

9

10

11

12

13

14

15

16

17

18

133

2

3

134

2

3

135

2

3

4

5

6

7

8

9

10

11

12

13

14

15

16

17

18

19

20

21

| 513일。 | 년 | 월 | 일 |

136

2

3

4

5

6

7

8

9

10

11

12

13

14

15

16

17

18

19

20

21

22

23

24

25

26

514일。　　　　년　　월　　일

137

2

3

4

5

6

7

8

9

138

2

3

4

5

6

7

8

515일。　　　　　년　　　월　　　일

139

2

3

4

5

6

7

8

9

10

11

12

13

14

15

16

17

18

19

20

21

22

23

24

516일.　　　년　　　월　　　일

140

2

3

4

5

6

7

8

9

10

11

12

13

141

2

3

4

5

6

7

8

9

10

142

2

3

4

5

6

7

517일。　　　년　　월　　일

143

2

3

4

5

6

7

8

9

10

11

12

144

2

3

4

5

6

7

8

9

10

11

12

13

14

15

518일. 년 월 일

145

2

3

4

5

6

7

8

9

10

11

12

13

14

15

16

17

18

19

20

21

519일。 년 월 일

146

2

3

4

5

6

7

8

9

10

147

2

3

4

5

6

7

8

9

10

11

12

13

14

15

16

17

18

19

20

520일。　　　년　　월　　일

148

2

3

4

5

6

7

8

9

10

11

12

13

14

149

2

3

4

5

6

7

8

9

150

2

3

4

5

6

잠언

저자	솔로몬 외 몇 명
기록 목적	하나님의 백성이 이 땅 위에서 어떻게 살 것인가를 제시하기 위해 기록되었다.
구성	1-29장: 솔로몬의 잠언 30장: 아굴의 잠언 31장: 르무엘왕 어머니의 잠언
핵심 메시지	하나님 앞에 엎드리면 지혜를 얻는다.
주요 내용	잠언이란 '사람이 바르게 살도록 돕는 좋은 말'을 가리킨다. 잠언은 어떤 이야기가 아니라 저자별로 모아서 편집해 놓은 책이다. 그래서 앞에서 나온 주제가 다시 나오고, 한참을 지나면 또다시 나온다. 솔로몬이 잠언을 가장 많이 썼고, 그 외에도 아굴, 르무엘왕 어머니 등이 잠언의 저자다. 잠언에서 가장 중요한 단어는 '지혜'다. '지혜'라는 말이 잠언에 무려 41회나 나온다. 지혜란 무엇인가? '하나님이 좋아하시는 것을 나도 좋아하고, 하나님이 싫어하시는 것을 나도 싫어하는 것'이다. 이러한 지혜는 하나님을 경외하는 데서 나온다. 잠언을 읽는 사람들은 어떻게 지혜롭고 경건하게 살아갈 수 있는지, 어떻게 어리석고 악한 행위를 피할 수 있는지를 배울 수 있다.

521일. 　　　　년　　월　　일

1

2

3

4

5

6

7

8

9

10

11

12

13

14

15

16

17

18

19

20

21

22

23

24

25

26

27

28

29

30

31

32

33

522일.　　　　년　　월　　일

2

2

3

4

5

6

7

8

9

10

11

12

13

14

15

16

17

18

19

20

21

22

523일。   년   월   일

3

2

3

4

5

6

7

8

9

10

11

12

13

14

15

16

17

18

19

20

21

22

23

24

25

26

27

28

29

30

31

32

33

34

35

524일.   년   월   일

4

2

3

4

5

6

7

8

9

10

11

12

13

14

15

16

17

18

19

20

21

22

23

24

25

26

27

525일.   년   월   일

5

2

3

4

5

6

7

8

9

10

11

12

13

14

15

16

17

18

19

20

21

22

23

526일。　　　년　　월　　일

6

2

3

4

5

6

7

8

9

10

11

12

13

14

15

16

17

18

19

20

21

22

23

34

35

24

25

| 527일。 | | 년 | 월 | 일 |

26

7

2

27

3

28

4

29

5

30

6

7

31

8

32

9

33

10

11

12

13

14

15

16

17

18

19

20

21

22

23

24

25

26

27

528일。　　　년　　월　　일

8

2

3

4

5

6

7

8

9

10

11

12

13

14

15

16

17

18

19

20

21

22

23

24

25

26

27

28

29

30

31

32

33

34

35

36

529일。 년 월 일

9

2

3

4

5

6

7

8

9

10

11

12

13

14

15

16

17

18

10

2

3

4

5

6

7

8

9

10

11

12

13

14

15

16

17

18

19

20

21

22

23

24

25

26

27

28

29

30

31

32

531일.　　　년　　　월　　　일

11

2

3

4

5

6

7

8

9

10

11

12

13

14

15

16

17

18

19

20

21

22

23

24

25

26

27

28

29

30

31

532일。 　　　　　년　　　월　　　일

12

2

3

4

5

6

7

8

9

10

11

12

13

14

15

16

17

18

19

20

21

22

23

24

25

26

27

28

533일 。　　　년　　　월　　　일

13

2

3

4

5

6

7

8

9

10

11

12

13

14

15

16

17

18

19

20

21

22

23

24

25

| 534일。 | 년 | 월 | 일 |

14

2

3

4

5

6

7

8

9

10

11

12

13

14

15

16

17

18

19

20

21

22

23

24

25

26

27

28

29

30

31

32

33

34

35

535일. 년 월 일

15

2

3

4

5

6

7

8

9

10

11

12

13

14

15

16

17

18

19

20

21

22

23

24

25

26

27

28

29

30

31

32

33

536일. 년 월 일

16

2

3

4

5

6

7

8

9

10

11

12

13

14

15

16

17

18

19

20

21

22

23

24

25

26

27

28

29

30

31

32

33

| 537일. | 년 | 월 | 일 |

17

2

3

4

5

6

7

8

9

10

11

12

13

14

15

16

17

18

19

20

21

22

23

24

25

26

27

28

538일。　　　　년　　월　　일

18

2

3

4

5

6

7

8

9

10

11

12

13

14

15

16

17

18

19

20

21

22

23

24

539일。 년 월 일

19

2

3

4

5

6

7

8

9

10

11

12

13

14

15

16

17

18

19

20

21

22

23

24

25

26

27

28

29

540일。　　　　년　　월　　일

20

2

3

4

5

6

7

8

9

10

11

12

13

14

15

16

17

18

19

20

21

22

23

24

25

26

27

28

29

30

541일. 　　　　년　　　월　　　일

21

2

3

4

5

6

7

8

9

10

11

12

13

14

15

16

17

18

19

20

21

22

23

24

25

26

27

28

29

30

31

542일。 　　년　월　일

22

2

3

4

5

6

7

8

9

10

11

12

13

14

15

16

17

18

19

20

21

22

23

24

25

26

27

28

29

543일. 　　　년　　월　　일

23

2

3

4

5

6

7

8

9

10

11

12

13

14

15

16

17

18

19

20

21

22

23

24

25

26

27

28

29

30

31

32

33

34

35

544일。 년 월 일

24

2

3

4

5

6

7

8

9

10

11

12

13

14

15

16

17

18

19

20

21

22

23

24

25

26

27

28

29

30

31

32

33

34

545일.　　　　년　　　월　　　일

25

2

3

4

5

6

7

8

9

10

11

12

13

14

15

16

17

18

19

20

21

22

23

24

25

26

27

28

546일. 년 월 일

26

2

3

4

5

6

7

8

9

10

11

12

13

14

15

16

17

18

19

20

21

22

23

24

25

26

27

28

547일.   년   월   일

27

2

3

4

5

6

7

8

9

10

11

12

13

14

15

16

17

18

19

20

21

22

23

24

25

26

27

548일。 　　　　년　　월　　일

28

2

3

4

5

6

7

8

9

10

11

12

13

14

15

16

17

18

19

20

21

22

23

24

25

26

27

28

549일。 년 월 일

29

2

3

4

5

6

7

8

9

10

11

12

13

14

15

16

17

18

19

550일 。　　　　년　　월　　일

30

20

2

21

3

22

4

23

24

25

5

26

6

27

7

8

9

10

11

12

13

14

15

16

17

18

19

20

21

22

23

24

25

26

27

28

29

30

31

32

33

551일。 년 월 일

31

2

3

4

5

6

7

8

9

10

11

12

13

14

15

16

17

18

19

20

21

22

23

24

25

26

27

28

29

30

31

전도서

저자	솔로몬
기록 목적	"인생 최고의 선이 무엇인가?"라는 질문에 답하고, 진정한 만족은 하나님 안에서만 찾을 수 있음을 보여 주기 위해 기록되었다.
구성	1:1-11 : 시작하는 말 1:12-3:15 : 말씀 1 3:16-5:20 : 말씀 2 6:1-8:13 : 말씀 3 8:14-12:8 : 말씀 4 12:9-14 : 맺는말
핵심 메시지	하나님을 경외하면 허무한 세상에서 의미 있게 살 수 있다.
주요 내용	전도서는 '전도자'가 전하는 인생의 지혜를 이야기한다. 전도서는 서론과 결론 사이에 긴 말씀이 기록되어 있다. 이 말씀들은 간증 형식으로 되어 있으며, 크게 네 부분으로 나뉜다. 전도서의 주제는 '하나님을 경외하라. 그러면 인생의 허무를 이길 것이다'이다. 허무한 세상 가운데에서 허무한 인생을 살지 않으려면 하나님을 경외해야 한다. 여기서부터 새로운 인생, 놀라운 인생이 시작된다. 전도서에는 허무한 세상에서 살아가지만 하나님을 만난 사람들에게 주시는 하나님의 선물이 기록되어 있다. 그것은 '즐거움'(기쁨)이다. 즐거움은 구체적으로 세 가지다. 먹고 마시는 즐거움, 가정의 즐거움, 일의 즐거움이다.

전
도
서

552일.　　년　　월　　일

1

2

3

4

5

6

7

8

9

10

11

12

13

14

15

16

17

18

553일。　　　　년　　　월　　　일

2

2

3

4

5

6

7

8

9

10

11

12

13

14

15

16

17

18

19

20

21

22

23

24

25

26

554일。　　　　년　　월　　일

3

2

3

4

5

6

7

8

9

10

11

12

13

14

15

16

17

18

19

20

21

22

4

2

3

4

5

6

7

8

9

10

11

12

13

14

15

16

555일.　　　　년　　　월　　　일

5

2

3

4

5

6

7

8

9

10

11

12

13

14

15

16

17

18

19

20

6

2

3

4

5

6

7

8

9

10

11

12

556일。 년 월 일

7

2

3

4

5

6

7

8

9

10

11

12

13

14

15

16

17

18

19

20

21

22

23

24

25

26

27

28

29

557일. 년 월 일

8

2

3

4

5

6

7

8

9

10

11

12

13

14

15

16

17

9

2

3

4

5

6

7

8

9

10

11

12

13

14

15

16

17

18

558일。　　　　년　　월　　일

10

2

3

4

5

6

7

8

9

10

11

12

13

14

15

16

17

18

19

20

559일。 년 월 일

11

2

3

4

5

6

7

8

9

10

12

2

3

4

5

6

7

8

9

10

11

12

13

14

아가

저자	솔로몬
기록 목적	솔로몬과 술람미 여인의 사랑을 노래한 시로서, 사랑의 기쁨을 잘 전해 준다. 하나님을 사랑하는 것이 인생 최고의 기쁨임을 보여 주기 위해 기록되었다.
구성	1:1-3:5: 연애 시절 3:6-5:1: 결혼 예식 5:2-8:14: 신혼 생활
핵심 메시지	사랑은 기쁨이다.
주요 내용	'아가'는 '아름다운 노래'라는 뜻이다. 아가서는 일차적으로 남자와 여자 사이의 사랑을 노래하고 있다. 이러한 사랑의 노래는 나아가서 자연스럽게 하나님과 성도 사이의 사랑을 표현한다. 물론 아가서에는 '여호와'라는 언급이 단 한 번, 8장 6절에만 나온다. 아가서는 솔로몬과 술람미 여인의 사랑 노래를 세 부분으로 나누어서 기록했다. '연애 시절'(아 1:1-3:5), '결혼 예식'(아 3:6-5:1), '신혼 생활'(아 5:2-8:14)이다. 사랑이 마냥 즐거운 것만은 아니다. 갈등이 없는 것도 아니다. 그러나 갈등을 넘어야 진정으로 깊은 연합의 아름다움으로 나아간다. 이러한 단계는 남녀 관계에서도 일어나지만 하나님과 성도의 관계에서도 일어난다. 우리가 하나님의 사랑 안에 머물 수 있는 이유는 하나님이 우리를 포기하지 않고 끝까지 붙드시기 때문이다.

560일. 년 월 일

1
²

3

4

5

6

7

8

9

10

11

12

13

14

15

16

17

2
²

3

4

5

6

7

8

9

10

11

12

13

14

15

16

17

561일。   년   월   일

3

2

3

4

5

6

7

8

9

10

11

4

2

3

4

5

6

7

8

9

10

11

12

13

14

15

16

562일。 년 월 일

5

2

3

4

5

6

7

8

9

10

11

12

13

14

15

16

6

2

3

4

5

6

7

8

9

10

11

12

13

563일 。   년   월   일

7

2

3

4

5

6

7

8

9

10

11

12

13

8

2

3

4

5

6

7

8

9

10

11

12

13

14

개역개정 십 계 명

하나님이 이 모든 말씀으로 말씀하여 이르시되,
나는 너를 애굽 땅, 종 되었던 집에서 인도하여 낸 네 하나님 여호와니라.

제일은, 너는 나 외에는 다른 신들을 네게 두지 말라.

제이는, 너를 위하여 새긴 우상을 만들지 말고,
또 위로 하늘에 있는 것이나 아래로 땅에 있는 것이나
땅 아래 물 속에 있는 것의 어떤 형상도 만들지 말며,
그것들에게 절하지 말며, 그것들을 섬기지 말라.
나 네 하나님 여호와는 질투하는 하나님인즉,
나를 미워하는 자의 죄를 갚되
아버지로부터 아들에게로 삼사 대까지 이르게 하거니와,
나를 사랑하고 내 계명을 지키는 자에게는
천 대까지 은혜를 베푸느니라.

제삼은, 너는 네 하나님 여호와의 이름을 망령되게 부르지 말라.
여호와는 그의 이름을 망령되게 부르는 자를
죄 없다 하지 아니하리라.

제사는, 안식일을 기억하여 거룩하게 지키라.
엿새 동안은 힘써 네 모든 일을 행할 것이나
일곱째 날은 네 하나님 여호와의 안식일인즉,
너나 네 아들이나 네 딸이나 네 남종이나 네 여종이나
네 가축이나 네 문안에 머무는 객이라도
아무 일도 하지 말라.
이는 엿새 동안에 나 여호와가 하늘과 땅과 바다와